Altersvorsorge leicht gemacht

Wie die Finanzindustrie arbeitet und Sie sich mit wenig Aufwand selbst um Ihre Rente kümmern können

Alexander Dahlen

Alle Angaben wurden sorgfältig recherchiert, alle Berechnungen mit größter Sorgfalt durchgeführt. Dennoch können Autor und Verlag für die Richtigkeit von Angaben und Berechnungen sowie für eventuelle Druckfehler keine Haftung übernehmen. Die Aussagen im Buch sind persönliche Ansichten des Autors und sind nicht als Anlageempfehlungen im Sinne des Wertpapierhandelsgesetzes zu verstehen.

Der Autor kann unter alexander.dahlen@gmx.de erreicht werden

A child educated only at school is an uneducated child –
George Santayana

Inhaltsverzeichnis

Einleitung

Irgendwann ist es so weit. Sie müssen sich über Ihre Altersversorgung Gedanken machen. Was passiert, wenn Sie in Rente gehen und kein regelmäßiges Arbeitseinkommen mehr haben? Die gesetzliche Rente, das ist mittlerweile jedem klar, dürfte kaum ausreichen, um den gewohnten Lebensstandard aufrechterhalten zu können. Daher müssen Sie privat für sich vorsorgen. Dazu gibt es verschiedene Möglichkeiten, Sie können etwa Teile Ihres Einkommens heute investieren, um später eine attraktive Rente zu erhalten.

Aber wie sieht das aus, wie läuft das ab? Z. B. so: Da Sie sich nicht ständig damit beschäftigen wollen, wie Sie Ihr Geld investieren sollten, wollen Sie es Profis überlassen. Sie vereinbaren einen Termin mit Ihrem Bankberater oder Ihrem Versicherungsmakler. Dieser möchte Sie über die verschiedenen Anlagemöglichkeiten informieren. Er rät Ihnen, in einen sogenannten Investmentfonds (oder kurz: Fonds) zu investieren. Dieser Fonds wird von Finanzprofis betreut, die Geld von verschiedenen Anlegern (z. B. von Ihnen) einsammeln und dieses am Finanzmarkt investieren. Die Investitionen sollen über die Jahre an Wert gewinnen und Ihnen dadurch eine attraktive Rente erwirtschaften.

Aber verstehen Sie, wie dies alles funktioniert? Ihr Berater scheint Sie völlig kostenlos zu beraten und die vermeintlichen Finanzprofis haben Sie nie persönlich kennengelernt. Wie investieren diese Ihr Geld? Sind sie wirklich in der Lage, es bestmöglich anzulegen? Was verdienen diese Finanzprofis daran, dass sie Ihr Geld anlegen? Und gibt es vielleicht Möglichkeiten, Ihr Geld günstiger und besser anzulegen?

Die nachfolgenden Kapitel sollen diese und andere Fragen beantworten. Ich werde Ihnen die Altersvorsorge durch Fonds verständlich erläutern und Ihnen plausibel darstellen, was Ihr Berater und die vermeintlichen Finanzprofis an Ihnen verdienen. Nachdem Sie dieses Buch gelesen haben, werden Sie Ihrem Berater auf Augenhöhe begegnen und erkennen können, ob dieser Sie in Ihrem besten Interesse berät.

Außerdem nenne ich Ihnen Anlagemöglichkeiten, in die Sie ganz ohne Ihren Berater und die Finanzprofis investieren können. Sie finden Rechenbeispiele in diesem Buch, die zeigen, dass Sie Ihre Rendite so sogar steigern können. Der zeitliche Aufwand erhöht sich für Sie dadurch nicht.

Zu Beginn soll der klassische Prozess der Investition in einem Fonds zur Altersvorsorge dargestellt werden. Dies wird es Ihnen leichter machen, die darauffolgenden Kapitel zu verstehen.

1. Investition in einen Investmentfonds zur Altersvorsorge

Die Abbildung 1 zeigt den generellen Ablauf einer Investition in einen aktiv gemanagten Fonds [1] zur Altersvorsorge. Natürlich kann es bei dem einen oder anderen Fonds zu leichten Abweichungen kommen. Die typischen Schritte werden kurz erläutert. Detailliertere Informationen folgen an späterer Stelle.

---

[1] Aktiv gemanagter Fonds bedeutet, dass der Fonds von Investmentmanagern täglich betreut und gemanagt wird.

Abbildung 1: Ablauf einer Investition in einen aktiv gemanagten Aktienfonds (Investmentfonds)

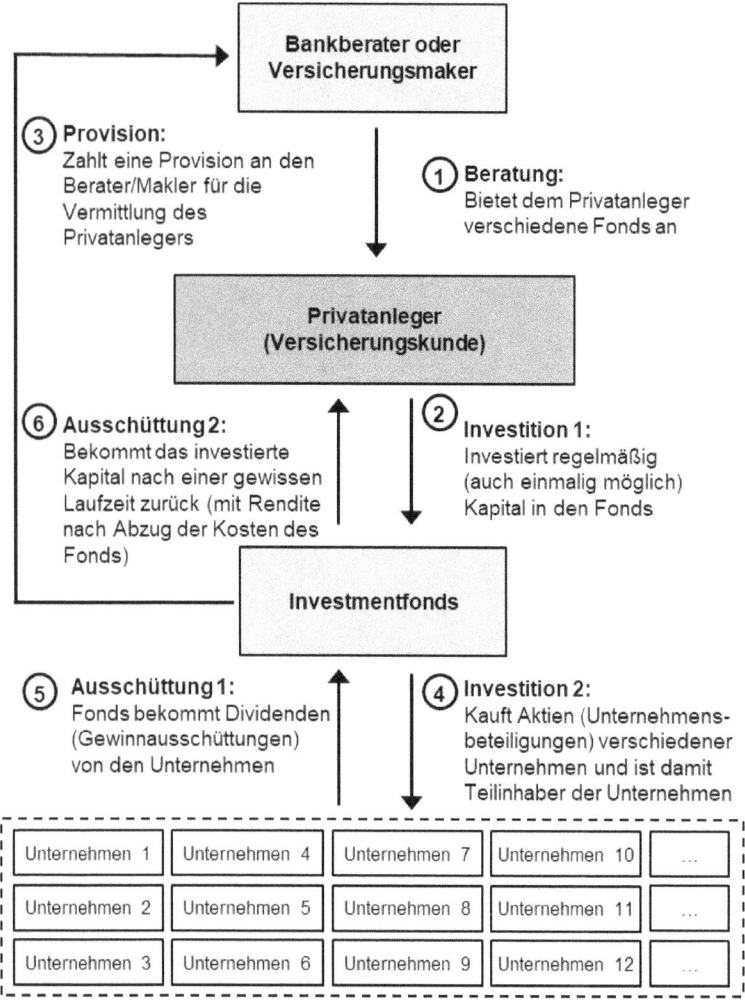

1) Beratung:

Als Erstes lassen Sie sich i. d. R. von einem Bankberater oder einem Versicherungsmakler beraten. Der Begriff „beraten" ist in diesem Zusammenhang unter Kritikern sehr umstritten, da der „Berater" eher als Verkäufer agiert. Sie bezahlen den Bankberater oder Versicherungsmakler nicht direkt, vielmehr erhalten diese eine Provision von dem Fonds, den sie an Sie verkaufen (in den Sie also investieren).

Deshalb schätzen viele Kritiker es als unwahrscheinlich ein, dass Sie eine objektive, auf Ihren Interessen ausgerichtete Beratung bekommen. Neben den Bankberatern und Versicherungsmaklern gibt es noch sogenannte Mehrfachagenten. Diese bieten Ihnen Fonds von vielen verschiedenen Anbietern an und bezeichnen sich oft als unabhängig (von z. B. Banken). Da sie jedoch genauso von der Provision des Fonds abhängig sind, werden sie nicht mehr oder weniger in Ihrem Interesse handeln als ein Bankberater. Es gilt auch zu bedenken, dass eine Bank noch andere Einnahmequellen hat (z. B. das Kreditgeschäft), Mehrfachagenten hingegen allein davon leben, Versicherungen (wie z. B. Rentenversicherungen) zu verkaufen. Daher ist bei Mehrfachagenten der Druck größer, Ihnen einen Fonds zu verkaufen, auch wenn dieser vielleicht nicht zu Ihnen passt oder es günstigere Alternativen gibt.

Im weiteren Verlauf des Buches werden die verschiedenen Berater aus den genannten Gründen als Verkäufer bezeichnet. Grundsätzlich können Sie sich natürlich mit einem oder auch mehreren dieser Verkäufer treffen – solange Sie kein Produkt kaufen, bleiben die Gespräche für Sie ja kostenlos. Dem Verkäufer können Sie gezielt Fragen stellen, wenn Sie etwas nicht ganz verstehen. Je nachdem, wie gut der Verkäufer ausgebildet ist und wie viel Erfahrung er hat, wird er Ihnen Ihre Fragen gut beantworten können.

2) Investition 1:

Nach der Beratung erfolgt im zweiten Schritt die Investition in den ausgewählten Fonds (eventuell investieren Sie auch in mehrere Fonds). Dazu wird Ihnen der Verkäufer einige Unterlagen und Formulare zum Unterschreiben geben. U. a. bestätigen Sie mit Ihrer Unterschrift, dass der Verkäufer Sie über das Produkt (den Investmentfonds) aufgeklärt hat und Ihnen die Risiken des Fonds bewusst sind. Wenn Sie sich für eine Einmalinvestition entschieden haben, wird Ihnen das Geld dafür i. d. R. nach einigen Tagen vom Konto abgebucht. Bei einer regelmäßigen Investition (einem Sparplan) erfolgt dies hingegen in regelmäßigen Abständen. Bei einem Sparplan sind die Geldbeträge deutlich kleiner (z. B. 50 € jeden Monat) als bei einer Einmalinvestition (z. B. 10.000 €).

3) Provision:

Der Verkäufer bekommt dafür, dass er dem Fonds einen neuen Investor (also Sie) vermittelt hat, eine Provision vom Fonds. Diese Provision beträgt ca. 5 % aufgeschlagen auf Ihre Gesamtinvestition. Dafür verlangt der Fonds einen sogenannten Ausgabeaufschlag von Ihnen. Wenn Sie also glauben, Ihre kompletten z. B. 10.000 € zu investieren, irren

Sie sich, denn von diesen 10.000 € wird die Provision abgezogen. 10.000 € * 5 / 105 = 476,19 €. Es werden also nur 9.523,81 € von Ihren 10.000 € investiert, da 476,19 € an Ihren Verkäufer fließen. Richten Sie einen Sparplan ein, so funktioniert die Rechnung genauso. Wenn Sie über 10 Jahre jeden Monat 100 € anlegen möchten, wird die Gesamtinvestition errechnet, davon dann die 5 %. Wollen Sie z. B. über 20 Jahre jeden Monat 50 € anlegen, so liegt die Gesamtinvestition bei 12.000 € (50 x 12 Monate x 20 Jahre). Es gibt auch Fonds ohne Ausgabeaufschlag, die von den Verkäufern angeboten werden. Diese Fonds werden als „No-Load-Fonds" (teilweise auch als „Trading-Fonds") bezeichnet. Hier gilt es allerdings, die Verwaltungsgebühren bzw. die laufenden Gebühren zu beachten. Diese sind nämlich häufig höher als bei Fonds mit Ausgabeaufschlag. Dadurch erhält Ihr Verkäufer nicht gleich zu Beginn einen beachtlichen Geldbetrag, sondern über die Laufzeit, die Sie im Fonds investiert sind. Wenn Sie den Fonds längerfristig halten, ist der Geldbetrag dann sogar insgesamt höher, als der Betrag des Ausgabeaufschlags.

4) Investition 2:

Nachdem Sie den Fonds gekauft, also Geld (Kapital) in den Fonds eingezahlt haben, können die Fondsmanager das Kapital für Sie investieren. Der Job der Fondsmanager ist es, den Finanzmarkt tagtäglich zu analysieren und nach geeigneten Investitionsmöglichkeiten zu suchen. Dabei kommt es auf den Fonds an, in dem Sie investiert haben, in welchen Anlagekategorien (z. B. nur Aktien von deutschen

Unternehmen oder nur Rohstoffe) die Fondsmanager investieren dürfen. Die meistverbreiteten Fonds sind Fonds, die in Aktien und/oder Anleihen investieren. Aktien sind Anteile an einem Unternehmen. Wenn Sie (oder der Fonds) Aktien kaufen, gehört Ihnen ein Anteil an dem jeweiligen Unternehmen, Sie werden quasi Miteigentümer. Bei Anleihen hingegen geben Sie dem Unternehmen einen Kredit, Ihnen gehört aber das Unternehmen nicht anteilig. Vielmehr werden Sie, wie eine Bank, Kreditgeber für das Unternehmen. Dafür erhalten Sie eine festgeschriebene Verzinsung.

Generell können Sie auch Fonds kaufen, die wenig Restriktionen haben, und dadurch in viele verschiedene Anlageklassen investieren können. Diese Fonds werden als Mischfonds bezeichnet und investieren z. B. in Anleihen und Aktien. Der in der Grafik dargestellte Fonds ist ein Aktienfonds, der nur in europäische Unternehmen investiert.

5) Ausschüttung 1:

Wenn sich die Unternehmen, in die der Fonds investiert, positiv entwickeln (Gewinne erwirtschaften), steigen die Aktienkurse dieser Unternehmen i. d. R.. Außerdem schütten die Unternehmen die erwirtschafteten Gewinne zum Teil an ihre Aktionäre (also z. B. Ihren Fonds) aus – sie zahlen eine Dividende.[2] Die Dividenden und Gewinne aus dem Verkauf

---

[2] Es gibt Unternehmen, die sehr gut wirtschaften und Gewinne erzielen, aber trotzdem keine Dividende ausschütten. Ihr Argument ist, dass sie das Geld lieber in das Unternehmen investieren und damit den Wert (also den

von Aktien (die im Wert gestiegen sind) lassen den Wert des Fonds steigen.

Dies geht natürlich auch in die umgekehrte Richtung. Wenn der Fonds in Unternehmen investiert, die nicht gut wirtschaften und nicht in die Zukunft investieren, wird der Wert des Fonds voraussichtlich fallen, da die Aktienkurse der Unternehmen unter der Misswirtschaft leiden dürften.

6) Ausschüttung 2:

Es gibt zwei verschiedene Arten von Fonds, die unterschiedlich mit den erhaltenen Dividenden umgehen. Eine Art der Fonds zahlt Ihnen die Dividende aus (sogenannte ausschüttende Fonds), die andere Art nutzt die erhaltene Dividende, um weitere Aktien von Unternehmen zu kaufen (sogenannte thesaurierende Fonds). Ihr investiertes Kapital plus (hoffentlich) Gewinne werden Sie spätestens erhalten, wenn Sie den Fonds verkaufen (offener Fonds) oder wenn das Laufzeitende erreicht ist (geschlossener Fonds).

Aktienkurs) des Unternehmens weiter erhöhen. Beispiele hierfür sind Amazon, Facebook und Google. Umgekehrt gibt es aber auch Unternehmen, die eine Dividende auszahlen, obwohl sie Verluste erwirtschaftet haben. Dies tun sie, da einige Investoren eine Dividende erwarten (wenn schon der Aktienkurs nicht steigt). Die Unternehmen nehmen Fremdkapital (Schulden) auf, um die Dividenden zu zahlen. Eine langfristig gesunde Strategie ist das natürlich nicht. Ein Beispiel für diese Unternehmen ist die Deutsche Telekom, die in den Jahren 2012 und 2013 so verfuhr.

2. Aktive vs. passive Investmentfonds

Die nachfolgende Tabelle zeigt die oft genannten Vorteile, die jeweils für aktiv gemanagte Fonds und ETFs (Exchange traded funds) sprechen sollen. ETFs sind passive Fonds, die einen Index abbilden (z. B. den Deutschen Aktienindex, kurz DAX). Dabei wird davon ausgegangen, dass Sie die Investments in ETFs selber übernehmen.

Es wird auch bewertet, ob diesen Annahmen zugestimmt werden kann. Außerdem wird angegeben, wo im Buch diese Punkte weitergehend betrachtet und bewertet werden.

Aktive gemanagte Fonds	Bewertung der Vorteile
Zeitersparnis: Jemand anders kümmert sich um Ihre Investments.	Dies ist richtig, der zeitliche Aufwand für Sie ist stark reduziert.
Profis: Ihr Geld wird von Investmentprofis investiert.	Profis sollten besser sein als der Markt (Aktienindex), leider sind sie dies aber meistens nicht. Mehr dazu im Kapitel 8. *Affen sind die besseren Fondsmanager.*
Aktiv: Die Investmentprofis reagieren auf Marktgeschehnisse.	Das ist richtig, allerdings ist immer die Frage, ob Sie auch richtig reagieren. Mehr dazu ab Kapitel 7. *Profis kaufen auch nur den Index.*
Anlagevielfalt: Ihr Geld kann in Anlageklassen investiert werden, in die Sie sonst nicht investieren könnten.	Das ist richtig, Sie können sich an aktiv gemanagten Fonds beteiligen, die z. B. direkt in Private-Equity-Fonds investieren. Mehr dazu *in Kapitel* 6. Aktiv gemanagte Investmentfonds.

Eigenständige Investments in ETFs	Bewertung der Vorteile
Ersparnis/Rendite: Die eigenständige Investition in ETFs ist deutlich günstiger als ein Investmentprofi.	Wie die Vergleichsrechnung in Kapitel 5. *Aktive gemanagte Fonds und ETF im Vergleich* zeigt, sind ETFs deutlich günstiger als aktive Fonds. Dadurch erwirtschaften Sie im Durchschnitt eine deutlich <u>attraktivere Rendite</u>. Kapitel 3. *Gebühren aktiver und passiver Investmentfonds* erläutert die verschiedenen Gebühren, die bei aktiven Fonds anfallen.
Liquidität: ETFs können börsentäglich ge- und verkauft werden.	Wie der Name „Exchange traded funds" schon sagt, werden ETFs an der Börse ge- und verkauft. Sie kommen also sehr schnell an Ihr investiertes Kapital, sollten Sie es mal benötigen – es wird allerdings empfohlen, langfristig anzulegen.

3. Gebühren aktiver und passiver Investmentfonds

Die nachfolgende Tabelle zeigt die Gebühr, die Sie direkt oder, ohne dass Sie es wirklich mitbekommen, indirekt bezahlen.[3] Mit Blick auf die Tabelle werden Sie feststellen, dass es bei aktiven Investmentfonds deutlich mehr und deutlich höhere Gebühren gibt als bei ETFs.

---

[3] Mittlerweile hat der europäische Gesetzgeber einige (von Deutschland umgesetzte) Regeln eingeführt, die die Verkäufer verpflichten, Ihnen die Gebühren transparenter zu machen und zu erläutern. Ab 2019 müssen die Verkäufer Ihnen einmal im Jahr nachträglich eine komplette Auflistung der Gebühren zustellen, die genau zeigt, welche Gebühren in welcher Höhe Sie bezahlt haben. Die Zeit wird zeigen, wie transparent die Gebührenaufstellung wirklich ist.

Gebühr	Aktive Investmentfonds	ETFs
Ausgabe-aufschlag (Agio)	Beträgt circa 3–5,5 %. Es gibt auch aktive Fonds ohne Ausgabeaufschlag (sogenannte No-Load-Fonds), allerdings ist hier die Verwaltungsgebühr höher.	Nicht vorhanden.
Spread	Nicht vorhanden.	Der Spread ist der Unterschied zwischen An- und Verkaufskurs. Wenn der ETF wenig gehandelt wird (geringe Liquidität), ist der Spread höher. Oft liegt der Spread bei 0,01–0,3 %. Diesen zahlen Sie nur bei Kauf und Verkauf.
Verwaltungs gebühr/Ma nagementge bühr	Die Verwaltungsgebühr ist die Arbeitsvergütung für das Fondsmanagement. Sie beträgt circa 0,5–3 % pro Jahr.	Etwa 0,1–0,5 % pro Jahr Verwaltungsgebühr. Es gibt aber auch teurere Spezial-ETFs, z. B. ETFs auf börsennotierten Private- Equity-Fonds.
Bestands-provision	Die Bestandsprovision wird vom Fonds an den Verkäufer (z. B. Banken) gezahlt, ist aber oft Teil der Verwaltungsgebühr.	Nicht vorhanden.
Erfolgs-gebühr (Perfor-mance Fee)	Die Erfolgsgebühr wird an das Fondsmanagement gezahlt.	Nicht vorhanden.
Rücknahme gebühr (Rückkauf-gebühr)	Wenn Sie Ihr investiertes Geld vorzeitig aus dem Fonds zurückerhalten wollen, berechnet der Fond teilweise eine Rücknahmegebühr. Diese kann zwischen 0–5 % betragen. Bei höherer Rücknahmegebühr ist der Ausgabeaufschlag oft niedriger.	Nicht vorhanden.

Gebühren bei Fonds

4. Das Beratungsgespräch

Wie eingangs erwähnt ist der Begriff „Beratung" im Zusammenhang mit einem Gespräch mit einem Bankberater oder Versicherungsmakler umstritten. Deshalb wird im weiteren Verlauf auch von Verkaufsgespräch statt vom Beratungsgespräch gesprochen.

Im Verkaufsgespräch sollte der Verkäufer Sie eigentlich optimal zu den verschiedenen Anlageprodukten beraten. Allerdings müsste Ihr Verkäufer dafür die Produkte erst einmal selber verstehen. Dass der Verkäufer die Produkte versteht, wird aber gerade immer wieder in Zweifel gezogen. Die Bankberater erhalten mehr Verkaufstrainings als Produkttrainings. Sie werden also darin geschult, Produkte zu verkaufen, und nicht darin, Produkte zu verstehen.[4]

Allerdings besteht das Problem nicht nur darin, dass der Verkäufer die Produkte nicht versteht. Es besteht auch in den falschen Anreizen, die ihm gesetzt werden. Die Vorgesetzten der Verkäufer erwarten jeden Monat einen gewissen Betrag an Provisionen, die der Verkäufer erwirtschaften soll. Um dieses Ziel zu erreichen, muss der Verkäufer Produkte verkaufen, die eine hohe Provision bringen. Produkte mit hoher Provision (die indirekt durch Sie bezahlt wird) sind oftmals jedoch nicht die für Sie besten.

---

[4] Vgl.: http://www.handelsblatt.com/finanzen/vorsorge/altersvorsorge-sparen/beichte-eines-vertreters-das-geld-ist-nicht-weg-es-hat-nur-ein-anderer/8116804.html.

Aber es liegt nicht nur an den Verkäufern, dass Kunden nicht die beste Beratung erhalten. Leider liegt das zum Teil auch an den Kunden selbst. Einige Bankberater bestätigten mir, dass ihre Kunden nicht investieren, wenn man die Wörter „Risiko" oder „Aktien" verwendet. Kunden scheinen große Angst vor Aktien zu haben. Daher sprechen die Verkäufer z. B. von „Zertifikaten". Kunden wissen nicht, was sich dahinter verbirgt, kaufen sie aber dennoch. Manche Kunden verstehen nicht einmal, dass Sie ein Depot[5] haben bzw. eines brauchen, um Aktien oder Ähnliches zu kaufen. Sie vertrauen voll und ganz auf ihren „Berater", also den Verkäufer, was es diesem leichter macht, den Kunden zu verkaufen, was die höchste Provision bringt. Er muss nur vermeiden, die Wörter „Aktien" oder „Risiko" in den Mund zu nehmen.

Kunden sollten etwas Zeit in ihre Geldanlage investieren. Wenn es um den Jahresurlaub für 2.000 € geht, werden mehrere Wochen aufgebracht, um das beste Reiseziel und -erlebnis zu finden. Für das neue 800-€-Handy werden zig Angebote verglichen, der Kauf einer neuen Hose für 80 € kann schon mal mehrere Stunden dauern. Und die Geldanlage von 20.000 € wird dann in einem dreißigminütigen Termin mit dem Banker abgehandelt. Die Schieflage ist offensichtlich. Wenn Sie sich etwas Zeit für Ihre Geldanlage nehmen, werden Sie

---

[5] Um Aktien oder andere Wertpapiere kaufen zu können, brauchen Sie ein Depot. Ein Depot ist für die Wertpapiere, was das Bankkonto für Ihr Geld ist. Wertpapiere werden im Depot (digital) aufbewahrt. Im Internet finden Sie zahlreiche Vergleiche verschiedener Depotanbieter (z. B. https://www.financescout24.de). Diese sind gleichzeitig auch Ihre Broker, die für Sie Aktien und andere Wertpapiere kaufen können.

sich (spätestens im Alter) einen noch schöneren Urlaub leisten können.

Solange die Kunden sich aber nicht selber informieren, wird der Verkäufer seine Kunden vermutlich nicht optimal beraten. Auch Gesetze oder Regularien werden dieses Problem nicht komplett lösen können (auch wenn in manchen Fällen eine Anpassung der gesetzlichen Lage sicher angebracht wäre). In Großbritannien und den Niederlanden sind Provisionszahlungen für den Verkauf von Fonds z. B. verboten. Allerdings beweisen die Verkäufer hier mal wieder Kreativität und schaffen es, dem Kunden dennoch einen beachtlichen Betrag zu entlocken.

Sparkassen und Volks- und Raiffeisenbanken (Genossenschaftsbanken) bilden übrigens keine Ausnahme. Da diese Banken sehr stark damit werben, dass sie sich um die jeweilige Region kümmern und einen Gemeinzweck verfolgen, genießen sie häufig größeres Vertrauen als andere Banken (z. B. börsennotierte Großbanken). Dieses Vertrauen wird zum Teil schamlos ausgenutzt. Die Fonds, die etwa die Volksbanken vertreiben, sind häufig von der Union Investment, die auch zu den Volksbanken gehört (die Muttergesellschaft ist die DZ Bank). Viele dieser Fonds sind teuer und ETFs bieten die Verkäufer der Volksbank gar nicht erst an. Bei den Sparkassen werden die bankeigenen Deka Investment Fonds verkauft, die eher teuer sind und eine dürftige Rendite erwirtschaften.[6] Auch die Sparkassen bieten ETFs nicht an, wenn man nicht direkt danach fragt.

Wären die Sparkassen und Volks- und Raiffeisenbanken wirklich so am Wohle der Region interessiert, würden sie auch ETFs aktiv anbieten, nicht nur ihre eigenen Produkte.

All dies spiegelt die Regel wieder, die sich aus zahlreichen Praxisbeispielen ableiten lässt. Mit Sicherheit gibt es Ausnahmen und Berater, die wirklich im Interesse der Kunden agieren. Leider ist jedoch für gewöhnlich der Druck der Vorgesetzten so hoch, dass solche Berater vermutlich nicht lange in ihrem Unternehmen angestellt sein werden.

Daher ist es für den Kunden einfach unerlässlich, ausreichend informiert zu sein.

---

[6] Vgl. https://www.wiwo.de/finanzen/geldanlage/fondstochter-der-sparkassen-der-grosse-deka-bluff/12979690.html.

5. Aktive gemanagte Fonds und ETF im Vergleich

Die nachfolgende Tabelle zeigt einen Vergleich der Kosten (und Gewinne) für einen aktiv gemanagten Aktienfonds und einen ETF[7].

---

[7] Siehe Kapitel 11. ETFs für eine genauere Erläuterung zu ETFs.

Tabelle 1: Sparplan über 30 Jahre

Sparplan über 30 Jahre			
Anlagehorizont	30 Jahre		
Investiertes Kapital	100€ pro Monat		
Investiertes Kapital	36000€ insgesamt nach 30 Jahren		
Rendite	6% pro Jahr		
Szenario	**Günstig**	**Durchschnitt**	**Teuer**
ETF			
Spread	0,05%	0,20%	0,50%
Verwaltungsgebühr	0,05%	0,40%	1,00%
Aktive gemanagte Fonds			
Ausgabeaufschlag	3,00%	5,00%	5,75%
Verwaltungsgebühr	0,50%	1,00%	2,50%
ETF			
Kosten Spread	18 €	72 €	179 €
Kosten Verwaltungsgebühr	537 €	4.101 €	9.467 €
Aktive gemanagte Fonds			
Kosten Ausgabeaufschlag	1.049 €	1.714 €	1.957 €
Kosten Verwaltungsgebühr	4.924 €	9.063 €	18.730 €
Gesamtkosten Unterschied -	**5.417 €** -	**6.604 €** -	**11.041 €**

Profit (nach Abzug des investierten Kapitals) nach 30 Jahren			
ETF	63.940 €	57.347 €	47.157 €
Aktive gemanagte Fonds	53.106 €	43.590 €	24.254 €
Mehrertrag des ETFs	**10.834 €**	**13.757 €**	**22.902 €**
Barwert-Mehrertrag des ETFs	**8.038 €**	**10.207 €**	**16.992 €**
Nötige Rendite, um den Mehrertrag auszugleichen	6,60%	6,85%	7,80%

Es wurden drei verschiedene Szenarien berechnet: 1. Ein Günstig-Szenario, welches die Kosten eines ETF und eines aktiv gemanagten Fonds zeigt, die jeweils unter den durchschnittlichen Kosten rangieren. 2. Ein Durchschnitts-Szenario. Dieses Szenario gibt die Kosten an, die im Durchschnitt für die Fonds anfallen. 3. Ein Teuer-Szenario. Hier sind Kosten für teurere Fonds angegeben. Wie den Zahlen entnommen werden kann, ist ein aktiv gemanagter Fonds deutlich teurer als ein passiv gemanagter.[8]

Der ETF bildet einen Aktienindex nach. Der aktiv gemanagte Fonds versucht, einen Index wie den DAX zu schlagen. Es wird von einem Anlagehorizont von 30 Jahren ausgegangen und unterstellt, dass Sie in diesem Zeitraum jeden Monat 100 € in den ETF bzw. den aktiv gemanagten Fonds investieren. Historisch wurden am Aktienmarkt über einen langen Zeitraum ca. 6 % Rendite erwirtschaftet. Beiden Investitionen wird daher eine jährliche Rendite von 6 % unterstellt. Natürlich kann dies in manchen Jahren weniger sein, aber auch mal mehr, sodass über 30 Jahre im Schnitt von 6 % ausgegangen werden kann.[9]

---

[8] Die hier gezeigten Gebühren und Renditen beziehen sich auf Aktienfonds. Bei Rentenfonds (Anleihefonds) wären die Gebühren i. d. R. für aktive Fonds und ETFs niedriger. Die zu erwartenden Renditen sind bei Rentenfonds allerdings auch niedriger.
[9] Siehe Grafik 2: Realer Gesamtertrag von 1 US-Dollar in Kapitel *11. ETFs*. Über den Zeitraum von 1899 bis 2017 betrug die Rendite des S&P 500 6,6 %.

In der Beispielrechnung sind keine Depotkosten berücksichtigt, diese fallen sowohl beim aktiv gemanagten Fonds als auch beim ETF an und mindern den jeweiligen Gewinn. Auf Depotkosten wird in Kapitel *4. Das Beratungsgespräch* eingegangen.

Wie der Tabelle entnommen werden kann, verdient Ihr Verkäufer an dem aktiv gemanagten Fonds im Durchschnitts-Szenario ca. 1.714 € (er erhält den Kostenausgabeaufschlag), am Verkauf eines ETF hingegen nichts. Der Ausgabeaufschlag (Spread) des ETF geht i. d. R. nicht an den Verkäufer. Der Spread stellt nur den Unterschied zwischen Verkauf- und Kaufkurs da und geht an den Börsenmakler.
Häufig erhält der Verkäufer zusätzlich zum Ausgabeaufschlag bei einem aktiv gemanagten Fonds noch eine jährliche Betreuungsgebühr. Diese ist hier nicht gesondert berücksichtigt, für gewöhnlich aber in der Verwaltungsgebühr enthalten.

Wie der Tabelle 1 zu entnehmen, liegt der *Gesamtkostenunterschied* im Durchschnitts-Szenario bei −6.604 €. Das bedeutet, bei einer Investition in einem aktiven Fonds sind die Kosten über 30 Jahre um 6.604 € höher als bei einer Investition in einen ETF. **Am Ende der 30 Jahre bringt die Investition in den ETF einen Mehrertrag von 13.757 € im Vergleich zur Investition in den aktiven Fonds.** Der *Barwertmehrertrag des ETF* beträgt 10.207 € und besagt, dass Sie heute 10.207 € mehr erhalten würden, wenn Sie in den ETF investieren. Beim Barwert (auch Gegenwartswert genannt) wird eine Geldzahlung, die Sie erst in Zukunft erhalten, mit einem Zinssatz (Diskontierungszinssatz) abgezinst, um den heutigen Wert der zukünftigen Geldzahlung zu berechnen.[10]

Um die Kosten des aktiv gemanagten Fonds auszugleichen und den gleichen Gewinn zu erwirtschaften wie der ETF, müsste der aktive Fonds jedes Jahr eine Rendite von 6,85 % erzielen. 85 % der aktiv gemanagten europäischen Fonds, die in Europa investieren, schaffen dies jedoch nicht. Sie schlagen den Vergleichsindex (diesen bildet der ETF nach) nach Abzug ihrer Kosten also nicht.[11] Es mag sein, dass sie eine Rendite von 6–6,85 % erwirtschaften, berücksichtigt man aber die anfallenden Kosten, fährt man bei 8,5 von 10 Fonds (85 %) besser mit einem ETF, der einfach den Index nachbildet.

Die nachfolgende Tabelle stellt den Kosten- und Renditeunterschied bei einer Einmalinvestition von 36.000 €

---

[10] Grundsätzlich ist Geld, das Sie heute erhalten, mehr Wert als Geld, das Sie erst in einem Jahr erhalten (Deflation ausgenommen). Wenn Sie jemandem heute 1 € geben, sollten Sie in einem Jahr mehr von ihm zurückverlangen. Neben dem Risiko des Schuldners liegt dies an der Inflation und der nicht vorhandenen Möglichkeit, das Geld über ein Jahr anderweitig zu investieren. In der Berechnung von Tabelle 1 ist ein Geldbetrag von 13.757 € in 30 Jahren heute 10.207 € wert. In der Berechnung wurde ein Diskontierungszinssatz von 1 % angenommen.
[11] Der Vergleichszeitraum ist 10 Jahre und der Vergleichsindex ist der S&P Europe 350. Unter den europäischen Fonds, die global investieren, schaffen es sogar 99 % der Fonds über einen Vergleichszeitraum von 10 Jahren nicht, den Vergleichsindex (S&P Global 1200) zu schlagen. Vgl.: SPIVA Europe Year-End 2017 Scorecard – S&P Dow Jones Indices.

dar. Die Annahmen bezüglich Rendite, Laufzeit, Kosten etc. sind die gleichen wie in den Berechnungen in Tabelle 1.

Tabelle 2: Einmalinvestition von 36.000 €

Einmalinvestition von 36.000 €			
Szenario	Günstig	Durchschnitt	Teuer
ETF			
Kosten Spread	18 €	72 €	179 €
Kosten Verwaltungsgebühr	1.483 €	11.086 €	24.711 €
Aktive gemanagte Fonds			
Kosten Ausgabeaufschlag	1.049 €	1.714 €	1.957 €
Kosten Verwaltungsgebühr	13.230 €	23.652 €	44.863 €
Gesamtkosten Unterschied	- 12.778 €	- 14.208 €	- 21.931 €
Profit (nach Abzug des investierten Kapitals) nach 30 Jahren			
ETF	167.758 €	148.227 €	118.816 €
Aktive gemanagte Fonds	138.196 €	112.181 €	59.550 €
Mehrertrag des ETFs	29.561 €	36.046 €	59.265 €
Barwert-Mehrertrag des ETFs	21.932 €	26.743 €	43.970 €
Nötige Rendite, um den Mehrertrag auszugleichen	6,55%	6,80%	7,70%

Wie Tabelle 2 zeigt, fallen der Gesamtkostenunterschied und der Mehrertrag des ETF bei einer Einmalinvestition noch höher aus. **Der Mehrertrag des ETF beträgt bei durchschnittlichen Kosten 36.046 € und bei Fonds mit hohen Kosten sogar 59.265 €.**

Wenn Sie heute zu Ihrem Banker gehen und einen aktiv gemanagten Fonds kaufen, der es nicht schafft, eine höhere

Rendite als der ETF zu erwirtschaften, verlieren Sie <u>heute</u> 26.743 € (bei durchschnittlichen Kosten).

Je höher die Investition ist, desto höher ist übrigens auch der Verlust. Investieren Sie z. B. einmalig 50.000 €, liegt der Verlust über 30 Jahre bei 82.313 € (Barwert 61.070 €). Der aktiv gemanagte Fonds müsste eine Rendite von 7,7 % pro Jahr erwirtschaften, um den Verlust auszugleichen. Der Erfolg (eher Misserfolg) der aktiven Fonds über die vergangenen Jahrzehnte zeigt, dass dies unwahrscheinlich ist.

Bei einer Einmalinvestition von 50.000 € beträgt der Ausgabeaufschlag 2.719 €. Diesen würde Ihr Verkäufer erhalten. Generell verdeutlichen die Rechnungen, warum dem Verkäufer sehr daran gelegen ist, einen aktiv gemanagten Fonds an Sie zu verkaufen. Der Ausgabeaufschlag, den er beim Verkauf eines aktiven Fonds erhält, kann beachtlich sein. Diesen erhält er unabhängig vom Erfolg oder Misserfolg des Fonds. Beim Verkauf eines ETF hingegeben bekommt er nichts.

6. Aktiv gemanagte Investmentfonds

In diesem Kapitel soll näher auf die aktiv gemanagten Investmentfonds und deren Fondsmanager eingegangen werden. Die Fondsmanager sind es, die Ihr Geld verwalten und anlegen. Sie werden auch Investmentmanager genannt, umgangssprachlich häufig Finanz- oder Investmentprofis.

Fondsmanager verfügen i. d. R. über eine gute Ausbildung von einer guten Universität. Viele Fondsmanager haben Finanzmanagement studiert, mehr und mehr werden aber auch Menschen anderer Fachrichtungen eingestellt, etwa Mathematiker oder Physiker. Dies liegt daran, dass Fonds zunehmend mit komplexen mathematischen Modellen und Algorithmen arbeiten und auf diese Weise versuchen, den Markt zu schlagen. Sie versuchen also eine Rendite zu erwirtschaften, die über der Rendite des gesamten Aktienmarktes liegt. Häufig wird für den gesamten Aktienmarkt ein Index genutzt, der diesen widerspiegeln soll (wie z. B. der DAX).

Trotz der guten Ausbildung und teilweise sehr umfangreichen Erfahrung schaffen es viele Fondsmanager nicht, langfristig den Markt zu schlagen.

Offener Investmentfonds

Der wesentliche Vorteil offener Fonds ist, dass Sie unter normalen Umständen jederzeit Ihr Geld abziehen können. Der Fonds ist also zu jedem Zeitpunkt liquidierbar. Sie müssen dem Fonds nur mitteilen, dass Sie Ihr Geld zurückhaben wollen, dann wird dieser bei Bedarf Wertpapiere verkaufen, um Ihnen

Ihr Geld zurückzahlen zu können. Eventuell hält der Fonds gerade genügend Barmittel oder ein anderer Investor möchte gerade in den Fonds investieren, dann muss der Fonds keine Wertpapiere verkaufen.

Beachten sollten Sie natürlich, dass Sie eventuell weniger (oder auch mehr) Geld zurückerhalten, als Sie investiert haben. Es kommt darauf, an wie viel die Wertpapiere, in die der Fonds investiert hat, zum Zeitpunkt der Auflösung wert sind. Allerdings gilt es zu bedenken, dass der Wert Ihrer Anteile, gerade wenige Jahre, nachdem Sie den Fonds gekauft haben, durchaus gering sein und unter dem Betrag liegen kann, den Sie bis dahin investiert haben. Dies liegt zu einem großen Teil an dem Ausgabeaufschlag, denn Sie zu Beginn zahlen müssen. Der Ausgabeaufschlag wird nicht investiert und Sie erhalten ihn nicht zurück. Vielmehr ist die Hoffnung, dass der Fonds im Laufe der Jahre das verbleibende investierte Kapital so stark vermehrt, dass der Ausgabeaufschlag wieder ausgeglichen wird.

Investieren können Sie in den Fonds jederzeit, da er laufend Anteile ausgibt, die Sie kaufen können. Dies ist bei geschlossenen Fonds anders.

Unter außergewöhnlichen Umständen kann der Fonds die Rückzahlung (Anteilsrücknahme) allerdings zeitweise aussetzen. Diese außergewöhnlichen Umstände bestehen z. B., wenn der Fonds kurzfristig nicht in der Lage ist, die Wertpapiere oder Vermögenswerte zu marktgerechten Preisen zu veräußern. Dadurch soll verhindert werden, dass, wenn der Finanzmarkt kurzfristig starke Verluste schreibt (z. B. fallende

Aktienkurse), viele Investoren (u. a. Sie) der Fonds Ihr Geld zurückverlangen können, da dies zu einer Abwärtsspirale am Finanzmarkt führen könnte. Der Fonds müsste Wertpapiere verkaufen, um die notwendige Liquidität zu erhalten, die verkaufenden Investoren zu bezahlen, wodurch der Finanzmarkt weiter an Wert verlöre. Alle verbleibenden Investoren sähen dann, dass ihr Fonds weiter an Wert verliert (da der Finanzmarkt, in den der Fonds investiert, an Wert verliert) und verkaufen ebenfalls. Dies würde sich sehr wahrscheinlich fortsetzen, bis nahezu alle Investoren ihr Geld aus dem Fonds abgezogen hätten, der Wert des Fonds nahe null stünde und der Finanzmarkt gewaltige Verluste eingefahren hätte. In der Finanzkrise 2007/2008 kam es zu ähnlichen Abwärtsspiralen.

Geschlossener Investmentfonds

Im Unterschied zu offenen Fonds können Sie bei geschlossenen Fonds nicht einfach Ihr Geld abziehen oder Anteile der Fonds kaufen. Dies hängt häufig damit zusammen, dass der Fonds in Anlageklassen investiert, die nicht schnell liquidierbar sind. Außerdem sind die Investitionen oft nicht kurzfristig durchführbar, weshalb der Fonds nicht laufend Anteile ausgibt (er könnte das Kapital nicht kurzfristig investieren). Beispiele hierfür sind Immobilienfonds (wobei es auch unter diesen offene Fonds gibt), Private-Equity-Fonds (diese kaufen z. B. nicht börsennotierte Unternehmen) oder Erneuerbare-Energien-Fonds, die direkt Solaranlagen, Windkraftanlagen etc. kaufen.

Sollten Sie dennoch Ihre Anteile verkaufen oder Anteile kaufen wollen, besteht die Möglichkeit, dies über einen Zweitmarkt (secondary market) für Fonds zu tun. Aufgrund der Illiquidität, die geringere Handelsaktivität zur Folge hat, und der geringeren Transparenz sind die Preise (Kurse) auf einem Zweitmarkt i. d. R. jedoch niedriger als der tatsächliche Wert der Anteile.

7. Profis kaufen auch nur den Index

Wenn alle falsch liegen, ist keiner der Dumme

Aktive Fondsmanager müssen sich ständig mit anderen Fondsmanagern vergleichen lassen. Das ist verständlich, da die Investoren nur in die Fonds investieren wollen, die die höchste Rendite erwirtschaften.

Von seinem Vorgesetzten wird ein Fondsmanager nicht nur nach der Rendite, die er erwirtschaftet, bewertet, sondern auch nach den Mittelzuflüssen, die ein Fonds erhält. Mittelzuflüsse sind neue Investitionen von Investoren. Wenn Sie 10.000 € in einen Fonds investieren, sind dies Mittelzuflüsse für den Fonds in Höhe von 10.000 € (Ausgabeaufschlag unberücksichtigt).

Hohe Mittelzuflüsse (und niedrige Mittelabflüsse) sind für einen Fonds so wichtig, weil sich dadurch das verwaltete Vermögen erhöht und damit wiederum der Profit des Fonds. Schließlich ist die Haupteinnahmequelle eines Fonds die Verwaltungsgebühr auf das verwaltete Vermögen. Beträgt die Verwaltungsgebühr z. B. 1,5 % p. a. und Sie investieren 10.000 €, bedeutet dies pro Jahr 150 € mehr Einnahmen für den Fonds.

Der Fondsmanager hat also ein großes Interesse daran, die zukünftigen Mittelzuflüsse zu erhöhen. Nun könnte er dies erreichen, indem er eine hohe Rendite erwirtschaftet, diese Rendite müsste aber über denen der anderer Fonds liegen, da die Investoren sonst auch einfach in andere Fonds investieren könnten. Allerdings würde dies für den Fonds bedeuten, in Anlagen zu investieren, die von der breiten Masse der Fonds nicht gekauft werden und auch noch eine überdurchschnittliche Rendite erwirtschaften. Sollte die Investition jedoch schief gehen, hätte dies vermutlich sehr hohe Mittelabflüsse für den Fonds zur Folge, da er als inkompetent dastünde. Schließlich hat niemand, abgesehen vom entsprechenden Fondsmanager, an diese Investition geglaubt (kaum ein Fonds hat hier investiert). Zudem wäre dieses Vorgehen mit höherem Aufwand verbunden, als einfach dort zu investieren, wo alle anderen es auch tun. Das Risiko, falsch zu liegen, ist vielen Fondsmanagern zu hoch.

Wenn der Fonds dort investiert, wo alle investieren, und die Investition schlecht läuft, wird er nicht bedeutend mehr Mittelabflüsse haben als andere, wenn es überhaupt zu Abflüssen kommt. Fonds verteidigen ihre Verluste in solchen Fällen i. d. R. mit dem Hinweis darauf, dass alle anderen Fonds auch nicht vorausschauender waren. Es konnte einfach niemand wissen, dass sich der Markt oder die Investition so schlecht entwickelt.

Die nachfolgende Grafik zeigt, warum es für einen Fondsmanager am geschicktesten ist, einfach dort zu investieren, wo alle investieren. Der Herdentrieb, der i. d. R. Basis jeder Börsenblase ist und diese schließlich auch zum Platzen bringt, wird wenigstens zum Teil ebenfalls nachvollziehbar.

Grafik 1: Warum Fondsmanager mit der Herde laufen

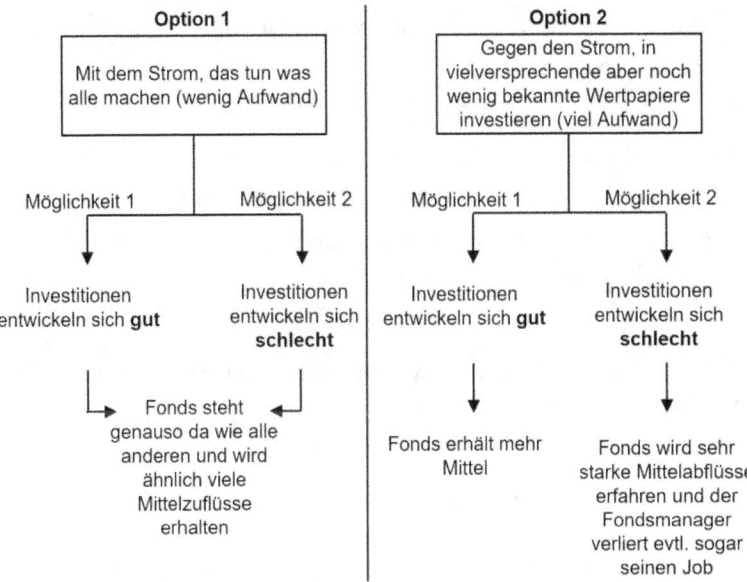

Fondsmanager werden dazu verleitet, da zu investieren, wo alle anderen investieren. Viele Fondsmanager machen sich also anscheinend gar nicht mehr die Mühe, gute Anlagemöglichkeiten zu finden. Eine Studie aus dem Jahr 2016 berechnete, das 34 % der Fonds in Deutschland eigentlich passive Fonds sind,[12] sie investieren also (genau wie ETFs) einfach nur in ihren Vergleichsindex. Für den Anleger bedeutet dies, dass er einen teuren Fondsmanager für etwas bezahlt, das er auch bei einem günstigen ETF bekommen würde. Für den Fondsmanager hingegen ist diese Vorgehensweise sehr

---

[12] Vgl.: Cremers, M., Ferreira, M. A., Matos, P., Starks, L. (2016). Indexing and active fund management: International evidence. *Journal of Financial Economics, 120 (3)*, 539–560.

lohnend, er hat kaum Aufwand und ist nie schlechter als der Markt. Er wird i. d. R. genauso viel Mittelzuflüsse erhalten wie alle anderen Fonds.

Wenn Fondsmanager wirklich aktiv investieren und ihren Job machen, bedeutet dies andererseits noch lange nicht, dass sich dadurch Ihre Rendite erhöht. Wie wir später noch sehen werden, schneiden die meisten aktiven Fondsmanager sogar schlechter ab als passive ETFs.

Verluste zahlen Sie, Gewinne teilen Sie – die einseitige Performance Fee

Viele Fonds berechnen eine sogenannte Performance Fee (erfolgsabhängige Gebühr). Dies ist eine Gebühr, die berechnet wird, wenn der Fonds eine gewisse Rendite erwirtschaftet. Oftmals beträgt sie 20–25 % der über dem Vergleichsindex liegenden Gewinne.[13] Diese Gebühr soll den Fondsmanager motivieren, eine möglichst attraktive Rendite für Sie zu erwirtschaften. An sich ist nichts an der Belohnung guter Arbeit auszusetzen, allerdings definieren manche Fonds Erfolg sehr eigenwillig. Wenn der Fonds in den vergangenen Jahren Verlust gemacht hat und dann in einem Jahr seinen Vergleichsindex schlägt, wird die Gebühr fällig. D. h., über die gesamten vorangegangenen Jahre hat der Anleger die Verluste zu 100 % gezahlt, wenn der Fonds dann aber einmal eine

---

[13] Wenn der Vergleichsindex z. B. in einem Jahr 100 € erwirtschaftet hat, der Fonds jedoch 120 €, beträgt die erfolgsabhängige Vergütung 20–25 % von 20 € (120 € – 100 €), also 4–5 €.

höhere Rendite erwirtschaftet, erhält er eine zusätzliche Gebühr. So kann es sein, dass ein Fonds insgesamt schlechter ist als der Vergleichsindex, die erfolgsabhängige Gebühr jedoch trotzdem in einigen Jahren bezahlt werden muss.

Den Vergleichsindex, den der Fonds schlagen muss, kann sich der Fonds übrigens selber aussuchen. Außerdem berechnen manche Fonds auch eine erfolgsabhängige Gebühr, wenn der Fonds vor Kosten eine bessere Rendite erwirtschaftet, nach Kosten aber schlechter ist als der Vergleichsindex.

Die deutsche Politik hat im Jahr 2013 reagiert und entschieden, dass die Kosten des Fonds zunächst abgezogen werden müssen und dann erst die Rendite mit dem Vergleichsindex verglichen werden darf. Außerdem wurde ein Verlustvortrag eingeführt, der besagt, dass erst alle negativen Erträge der vergangenen 5 Jahre eingeholt werden müssen, bis eine Gebühr berechnet werden darf.
Wie bereits erwähnt, helfen Regulierungen immer nur bedingt. Diese Regulierung z. B. gilt nur für Fonds in Deutschland. Fondgesellschaften können also einfach Fonds z. B. in Luxemburg auflegen und in Deutschland vertreiben. Allerdings scheinen die meisten deutschen Fondsgesellschaften eingesehen zu haben, dass diese Art der Gebührenberechnung zu weit geht.[14] Sie als Kunde sollten

---

[14] Sie legen zwar Fonds in z. B. Luxemburg auf, wenden aber die deutschen Regeln zur Berechnung der erfolgsabhängigen Gebühr an.

dennoch darauf achten, dass Fonds, die nicht in Deutschland aufgelegt sind, eine vernünftige Grundlage zur Berechnung der erfolgsabhängigen Vergütung nutzen. Hierzu können Sie Ihren Verkäufer konsultieren. Wenn er Ihnen vernünftig erklären kann (sodass Sie es verstehen), wie genau die erfolgsabhängige Gebühr bei dem jeweiligen Fonds berechnet wird, ist dies schon einmal ein gutes Zeichen dafür, dass der Verkäufer Sachverstand hat.

Entscheiden Sie bitte selber, ob Sie es gerechtfertig finden, dass Ihr Fondsmanager eine zusätzliche Vergütung von 20–25 % der über dem Vergleichsindex liegenden Gewinne erhält, wenn er seinen Job macht.

8. Affen sind die besseren Fondsmanager

In seinem 1973 veröffentlichten Buch *A Random Walk Down Wall Street* schrieb Burton Malkiel, Professor an der Universität Princeton, dass Affen, die mit Dartpfeilen auf eine Liste von Aktien werfen, eine ähnliche Rendite erwirtschaften wie professionelle Fondsmanager. Dies klingt beim ersten Lesen unglaublich, wurde jedoch in der Sache durch Studien bestätigt. Die durchschnittlichen Fondsmanager schaffen es einfach nicht über einen sehr langen Zeitraum, den Markt zu schlagen und besser als der Zufall (bzw. Affen) zu investieren.

Eine aktuelle Studie aus dem Jahr 2018 kommt ebenfalls zu diesem Ergebnis. In der Studie wurden aktive Fonds mit passiven Fonds (ETFs) verglichen. Die Autoren fanden heraus, dass selbst die besten Fondsmanager keine höhere Rendite erwirtschaften als die besten ETFs. Schlechte Fondsmanager erwirtschaften sogar eine niedrigere Rendite als die schlechtesten ETFs.[15]

Zum Teil ist der geringe Erfolg der Fondsmanager dadurch bedingt, dass sie gewisse Anlageregeln befolgen müssen. So dürfen manche Fonds z. B. nur in Europa investieren und müssen einen gewissen Prozentsatz in Aktien investieren. Manche Fonds sind sogar auf ausgewählte Branchen

---

[15] Crane, A. D., Crotty, K. (2018). Passive versus Active Fund Performance: Do Index Funds Have Skill? *Journal of Financial and Quantitative Analysis, 53 (1),* 33–64.

beschränkt. Diese Regeln werden den Fondsmanagern aufgelegt, damit der Anleger sicher sein kann, dass er tatsächlich das bekommt, was er gekauft hat. Kauft er z. B. einen Fonds, der in Europa Aktien kaufen soll, ist es nur verständlich, dass er vom Fondsmanager verlangt, tatsächlich auch nur Aktien aus Europa zu kaufen und nicht z. B. lediglich Anleihen.

Diese Regeln bringen jedoch das Problem mit sich, dass der Fondsmanager nicht oder nur wenig reagieren kann, wenn sich der Markt ändert. Sollte der Fondsmanager z. B. der Meinung sein, dass der Aktienmarkt in Europa in nächster Zeit sehr schlecht laufen wird, muss der Fonds trotzdem weiterhin im Aktienmarkt in Europa investieren. Dies kann nicht nur für Verluste sorgen, sondern hat auch verpasste Chancen zur Folge. Solche nicht wahrnehmbare Chancen können z. B. entstehen, wenn absehbar ist, dass der US-amerikanische Aktienmarkt in nächster Zeit steigen wird.

Für den Anleger sind Fonds mit sehr engen Grenzen und Regeln nicht besonders attraktiv. Der Anleger zahlt einen hohen Preis dafür, dass er sein Kapital von Profis anlegen lässt. Wenn diese aber nicht das machen können, was sie für richtig halten, bringen diese Profis keinen Mehrwert. Der Anleger könnte dann besser direkt in einen passiven Fonds (ETF) investieren.

Eine gern genutzte Strategie der Verkäufer ist es, dem potenziellen Käufer die Renditeentwicklung (Performance) einzelner Fonds über einen Zeitraum von 1 bis 5 Jahren zu zeigen. In diesem Zeitraum schneiden diese ausgewählten Fonds dann besser ab als der Markt. Die Verkäufer werden Ihnen sagen, dass Sie nur in die richtigen Fonds investieren müssen, diese seien besser als der Markt bzw. Durchschnitt. Allerdings sind diese 5 Jahre eine sehr kurzfristige Betrachtung und Sie werden immer Fonds finden, die über einen solchen Zeitraum besser abschneiden als der Markt. Langfristig, über 20 bis 30 Jahre, werden sie dies jedoch nicht, da die Gebühren einfach zu hoch sind.[16]

---

[16] Weitere Studie, die dies bestätigt: Fama, E. F., French, K. R. (2010). Luck versus skill in the cross-section of mutual fund returns. *The Journal of Finance, 65 (5),* 1915–1947.

9. Die Buffet-Wette

Was raten eigentlich wirkliche Finanzprofis den Privatanlegern? Und mit wirklichen Finanzprofis sind hier Menschen gemeint, die über ihr gesamtes Leben hinweg bewiesen haben, dass sie Geld erfolgreich anlegen können. Menschen, die so erfolgreich sind, dass sie nicht mehr für eine Bank oder eine große Investmentgesellschaft arbeiten müssen, um ihren Lebensunterhalt bestreiten zu können. Menschen, die eigentlich gar nicht mehr arbeiten müssen, weil sie ein enormes Vermögen am Finanzmarkt erwirtschaftet haben.

Einer der erfolgreichsten Menschen am Finanzmarkt ist Warren Buffet. Warren Buffet wurde 1930 geboren und arbeitet gegenwärtig, im Jahr 2018, im Alter von 88 Jahren, noch immer. Nicht, weil er es muss, er ist mit einem geschätzten Vermögen von 80 Milliarden Dollar der drittreichste Mensch der Welt, sondern weil er es gerne macht. Warren Buffet ist Gründer und CEO (Geschäftsführer) des Konglomerats [17] Berkshire Heatherway und gilt als der erfolgreichste Investor der Geschichte. Kein anderer hat über einen derartig langen Zeitraum (77 Jahre, im Alter von 11

---

[17] Ein Konglomerat besteht aus mehreren Firmen, die nicht unbedingt miteinander Geschäfte machen, es sind oft auch ganz andere Geschäftsbereiche bzw. Industrien. So hat Berkshire Heatherway z. B. eine Eisenbahngesellschaft und ein Versicherungsunternehmen. Warren Buffet kauft Unternehmen und bleibt i. d. R. sehr lange an ihnen beteiligt.

Jahren kaufte er die ersten Aktien) durchgehend bewiesen, dass er erfolgreich Geld investieren kann.

Was also rät Warren Buffet Privatanlegern? Wenig überraschend rät er zu ETFs. Im Jahr 2007 rief er Fondsmanager auf, mit ihm eine Wette einzugehen. Er wettete, dass er mit einem einfachen ETF auf den S&P 500 (Standard & Poor's 500, beinhaltet die Aktien von 500 großen US-amerikanischen Unternehmen) eine bessere Rendite erwirtschaften würde als der aktive Fondsmanager, der die Wette eingeht.

Der Asset-Manager [18] Protégé Partners akzeptierte die Herausforderung und wählte fünf Hedgefonds[19] aus, die den ETF schlagen sollten. Ein erfolgreicher Asset-Manager gegen einen einfachen ETF, den jeder kaufen kann und bei dem man nichts weiter tun muss. Die Wette lief von Januar 2008 bis Dezember 2017. Warren Buffet musste über die Jahre mit dem ETF nichts machen, wohingegen die Manager der Hedgefonds viel Zeit investierten, um in die (angeblich) besten Aktien zu investieren. Dies kostet natürlich Gebühren. Am Ende verlor

---

[18] Asset-Manager bedeutet auf Deutsch Vermögensverwalter. Ein Asset-Manager verwaltet große Summen und investiert u. a. in Fonds.
[19] Hedgefonds sind aktive Fonds, die in sehr verschiedene Anlageklassen investieren. Je nach Fonds investieren sie in Aktien oder auch Rohstoffe und exotische Finanzprodukte. Außerdem, und das zeichnet sie aus, führen sie Leerverkäufe durch. Dadurch verdienen sie Geld, wenn die leerverkaufte Aktie an Wert verliert. Sie können also auch in Zeiten fallender Börsenkurse beachtliches Geld erwirtschaften. Hedgefonds werden in den Medien häufig, zum Teil zu Recht, zum Teil aber auch zu Unrecht, negativ als Finanzhaie bezeichnet.

der Asset-Manager die Wette, die hohen Gebühren fraßen zu viel Rendite und die Manager waren nicht in der Lage, so gut zu investieren, dass sie die Gebühren ausgleichen konnten. Nicht einer der fünf Hedgefonds-Manager schaffte es, den ETF zu schlagen.[20]

Nicht ohne Grund also rät Warren Buffet jedem Privatanleger, sein Geld breit gestreut in ETFs zu investieren und über Jahre hinweg einfach nichts zu tun und das Geld für sich arbeiten zu lassen.

Riester-Rente und andere staatliche Förderungen

„Riester ist gescheitert." – Horst Seehofer, CSU[21]

Über die staatlichen Förderprogramme gibt es sehr viel Literatur, weshalb sie hier nur kurz angesprochen werden sollen. Die Programme zu nutzen, ist für bestimmte Personengruppen sicher sinnvoll, man muss sich jedoch sehr gut informieren und sich darüber im Klaren sein, dass diese Programme sehr unflexibel sind. Wenn sich Ihre

---

[20] Nach neun Jahren hatten die Hedgefonds-Manager eine Rendite von 22 % erwirtschaftet (2,2 % im Durchschnitt pro Jahr). Der ETF hingegen erwirtschaftete eine Rendite von 85,4 % (7,1 % im Durchschnitt pro Jahr). Die Hedgefonds im Einzelnen: Fonds A: 8,7 %, Fonds B: 28,3 %, Fonds C: 62,8 %, Fonds D: 2,9 %, Fonds E: 7,5 %. Vgl. https://www.cnbc.com/2017/08/09/buffett-challenge-hedge-funds-vs-index-funds-9-years-on.html.
[21] Vgl. https://www.merkur.de/politik/rente-wird-wahlkampf-thema-horst-seehofer-riester-rente-gescheitert-droht-massenhaft-altersarmut-6293946.html.

Lebenssituation wesentlich verändert, kann es schnell passieren, dass sich die staatlichen Förderungen für Sie überhaupt nicht mehr lohnen. Deshalb ist die Aussage von Horst Seehofer durchaus berechtigt. Es gibt aktuell leider nur wenige ETFs, die auch riesterförderfähig sind. Diese könnten die hohen Kosten der aktiv gemanagten Fonds schon einmal vermeiden.

10. Was tun, wenn Sie bereits einen teuren Fonds gekauft haben?

Haben Sie sich bereits von Ihrem Verkäufer beraten lassen und stellen nach einigen Jahren fest, dass die Rendite des Fonds niedrig, aber die Kosten hoch sind? Dann sollten Sie sich informieren, wie Sie aus dem Fonds herauskommen oder zumindest kein Geld mehr in ihn investieren müssen (wenn es sich um einen Sparplan handelt).

Den Fonds vorschnell kündigen sollten Sie allerdings nicht. Vielmehr sollten Sie nachfragen, wie hoch der Rückkaufswert des Fonds ist. Der Rückkaufswert gibt an, wie viel Geld Sie erhalten, wenn Sie den Fonds kündigen.

Gerade in den ersten Jahren wird der Rückkaufswert leider sehr niedrig sein, was einfach daran liegt, dass Ihre anfänglichen Zahlungen genutzt werden, um Kosten wie z. B. den Ausgabeaufschlag zu decken. Außerdem wird der Rückkaufswert vom aktuellen Wert der im Fonds beinhalteten Wertpapiere bestimmt.

Wenn der Rückkaufswert aktuell deutlich unter dem Betrag Ihrer bisherigen Einzahlungen liegt, sollten Sie den Fonds noch nicht kündigen. Warten Sie, bis der Fonds an Wert gewinnt. Sie könnten den Fonds auch verkaufen. Dies können Sie über den Zweitmarkt tun. Teilweise kann Ihnen der Verkauf gut 5 % mehr bringen als der Rückkauf. Allerdings wird der Käufer den Fonds auch nur kaufen, wenn er daran glaubt, dass dieser noch an Wert gewinnen kann. Verkaufen Sie den Fonds nur, wenn Sie einen attraktiven Betrag erhalten, d. h. mindestens Ihre Einzahlungen.

Wenn der Fondsmanager eine deutlich geringere Rendite erwirtschaftet als der Vergleichsindex, sollten Sie die Einzahlungen stoppen. Sie lassen den Fonds also ruhen. Dann investieren Sie wenigstens nicht noch mehr Geld in einen schlechten Fonds und hoffen darauf, dass der Fondsmanager in einigen Jahren etwas Rendite erwirtschaftet. Sobald der Rückkaufswert bei Ihren Einzahlungen oder leicht darüber liegt, können Sie den Fonds dann kündigen. Die beim aktuellen Fonds gesparten Sparraten sollten Sie anderweitig (z. B. in ETFs) investieren, um eine attraktive Rente zu erhalten.

Zum Abschluss dieses Kapitels soll noch darauf hingewiesen werden, dass es auch gute Fonds und Fondsmanager gibt. Fondsmanager, die es schaffen, den Index zu schlagen und damit besser sind als ETFs. Diese haben die Gebühr auch verdient. Allerdings ist es nicht einfach, sie zu finden.

Auf jeden Fall ist es aber möglich, sich den Ausgabeaufschlag zu sparen. Mittlerweile gibt es viele Internetseiten, die Fonds anbieten und keinen Ausgabeaufschlag verlangen (z. B. fondsdiscount.de). Natürlich müssen Sie sich selber genaustens über die jeweiligen Fonds informieren. Da der Ausgabeaufschlag allerdings mehrere Tausend Euro ausmachen kann (wie die Rechnung in Kapitel 5. *Aktive gemanagte Fonds und ETF im Vergleich* zeigt), lohnt es sich, sich zu informieren und Fonds von Anbietern zu kaufen, die keinen

Ausgabeaufschlag verlangen (beachten Sie die Verwaltungsgebühren, wie im Kapitel *1. Investition in einen Investmentfonds zur Altersvorsorge* bei No-Load-Fonds erläutert).

Auch reagieren einige Fondsanbieter auf die Kritik an ihrer hohen Verwaltungsgebühr (Managementgebühr). So stellt etwa Fidelity International (ein amerikanischer Fondsanbieter) sein Gebührenmodell um. Fidelity reduziert seine Verwaltungsgebühr bei vielen Fonds mittlerweile um bis zu 0,2 %, wenn der Fonds eine geringere Rendite als der Vergleichsindex erwirtschaftet. [22]

Dies ist sicher ein Schritt in die richtige Richtung. Allerdings sind die Gebühren immer noch sehr hoch, wenn der Fonds nicht besser als der Vergleichsindex abschneidet.

---

[22] http://www.fondsprofessionell.de/news/unternehmen/headline/fidelity-praezisiert-neues-gebuehrenmodell-139130/newsseite/2.

11. ETFs

In diesem Kapital sollen die Exchange traded funds (ETFs) erläutert werden. Es gibt sehr viel Literatur über ETFs, weshalb hier nur kurz auf diese Fonds eingegangen werden soll.

Zuvor soll aber noch das Angstthema der Deutschen adressiert werden: Aktien. Im Jahr 2016 besaßen nur 6 % der deutschen Gesamtbevölkerung Aktien, und generell schätzen viele sie als sehr risikoreich ein. In den USA betrug der Anteil der Aktionäre an der Gesamtbevölkerung z. B. 25 %, in den Niederlanden waren es sogar 30 % (d. h. fünfmal so viel wie in Deutschland).[23]

Wie bereits erwähnt, wollen viele Verkäufer mit ihren Kunden nicht über Aktien reden, da diese sonst Angst bekommen könnten und dann vielleicht gar kein Produkt kaufen würden.

Bei der Geldanlage für die Rente sollte es sich um eine langfristige Investition handeln. Wenn nun Geld für ca. 30–40 Jahre angelegt wird, sollte die Anlageklasse gewählt werden, die über diesen Zeitraum die bestmögliche Rendite verspricht – und dies ist historisch gesehen die Aktie.

Nachfolgende Grafik stellt die annualisierten Realerträge (Renditen) von Aktien, Anleihen und Barmittel über den Zeitraum von 1899 bis 2017 dar.

---

[23] Vgl. https://www.boerse.de/dai/anteil-aktionaere/grafik, DAI (Deutsches Aktieninstitut e. V.).

Grafik 2: Realer Gesamtertrag von 1 US-Dollar[24]

Realer Gesamtertrag von 1 US-Dollar
USD, log. Skala, Gesamterträge

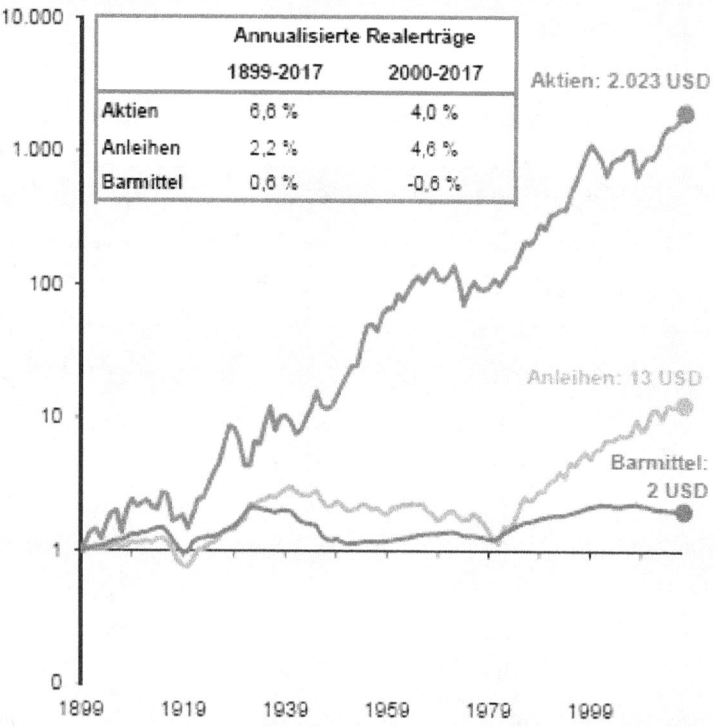

	Annualisierte Realerträge	
	1899-2017	2000-2017
Aktien	6,6 %	4,0 %
Anleihen	2,2 %	4,6 %
Barmittel	0,6 %	-0,6 %

Aktien: 2.023 USD

Anleihen: 13 USD

Barmittel: 2 USD

Die in der Grafik gezeigten Aktien gehören zum S&P 500.[25] Die Realerträge der Aktien betragen im Zeitraum 1899 bis

---

[24] Vgl. J.P. Morgan Market Insight, Die Grundsätze des langfristig erfolgreichen Anlegens, Europa 2018, http://www.jpmorganassetmanagement.de/DMS/Principles%20for%20s uccessful%20long-term%20investing_DE.pdf.
[25] Die Anleihen sind aus dem Bloomberg Barclays US Treasury 20+ year Total Return Index. Die Barmittel werden durch den Bloomberg Barclays US Treasury Bills Total Return Index nachgebildet.

2017 6,6 % und im Zeitraum von 2000 bis 2017 4,0 %. Anleihen schnitten im Zeitraum von 2000 bis 2017 mit einer Rendite von 4,6 % etwas besser ab als Aktien. Dies liegt hauptsächlich an der Dotcom-Krise im Jahr 2001 und der Finanzkrise 2007/08, die den Aktienmärkten stark zusetzten. Allerdings schneidet Bargeld jeweils am schlechtesten ab. Vielen deutschen (Nicht-)Anlegern entgeht durch das Halten hoher Bargeldbestände über die Jahre hinweg ein bedeutender Geldbetrag. Ein Mix aus Aktien und Anleihen, wobei der Anteil der Aktien in den Anfangsjahren höher liegen sollte, empfiehlt sich also. Wenn Sie kurz vor der Rente stehen (ca. 5 Jahre davor), sollten Sie den Anteil der Aktien langsam reduzieren und auf Anleihen umschichten. Dadurch vermeiden Sie, dass Sie eventuelle Kursrückschläge bei Aktien nicht aussitzen können, weil Sie das Geld für Ihre Rente brauchen. Dies können Sie z. B. mit entsprechenden ETFs abbilden.

Was sind ETFs?

„ETF" steht für „Exchange traded fund", auf Deutsch „börsengehandelter Fonds". Der Fonds wird, wie der Name sagt, an der Börse gehandelt. Er wird also nicht, wie i. d. R. aktive Fonds, direkt über die Investmentgesellschaft (den Investmentfonds) gekauft, sondern über die Börse am Sekundärmarkt (also nicht direkt vom Emittenten[26]). Dadurch

---

[26] Ein Emittent ist ein Herausgeber von Wertpapieren. Wenn Daimler

kann man sich börsentäglich von seinem ETF trennen (dies geht bei einem aktiv gemanagten Fonds nicht).

ETFs haben deutlich geringere Gebühren als aktiv gemanagte Fonds, was einfach daran liegt, dass sie keinen Fondsmanager haben. Der Fonds bildet schlicht einen Index nach. Dadurch muss niemand den Markt genauestens analysieren und überlegen, welche Aktien oder andere Wertpapiere gekauft werden sollen. Die Rendite des Fonds hängt dabei von der Wertentwicklung des Index ab. Ein ETF auf den DAX kauft alle Aktien, die im DAX enthalten sind (entsprechend ihrer Gewichtung), und entwickelt sich daher entsprechend dem DAX. Die Zusammensetzung des ETF übernimmt ein Computer, es ist also keine menschliche Arbeitskraft nötig.

Sie müssen sich nur entscheiden, in welche ETFs Sie investieren wollen. Außerdem sollten Sie, wie im ersten Kapitel erwähnt, beachten, dass es ausschüttende (die Dividenden werden an Sie ausgezahlt) und thesaurierende (die Dividenden werden wieder in die Unternehmen investiert und nicht ausgezahlt) Fonds gibt. Dies gilt auch für ETFs, und es kommt ganz auf den unterlegten Index an. Bei den meisten Indizes werden die Dividenden ausgeschüttet.

Der DAX bildet eine Ausnahme, er ist ein *Performanceindex* und die Dividenden werden nicht ausgeschüttet, sondern wieder in

---

z. B. neue Anleihen oder Aktien ausgibt, ist Daimler der Emittent dieser Wertpapiere.

die Unternehmensaktien investiert. Ein *Kursindex* hingegen schüttet die Dividende aus (faktisch schüttet der Index keine Dividenden aus, Dividenden werden nur bei der Berechnung des Index nicht mitberücksichtigt), dies bildet weltweit die Regel. Wenn Sie einen ETF kaufen, der die Aktien eines Kursindex kauft, werden die Dividenden der Unternehmen also vom ETF an Sie ausgeschüttet. Mithin müssen Sie sich selbst um die Wiederanlage des Geldes kümmern (insofern Sie es wieder anlegen wollen).

Für einen langfristigen Vermögensaufbau empfiehlt es sich, die Dividenden zu reinvestieren. Daher gibt es auch ETFs auf Kursindizes, die die Dividende automatisch wieder in die Unternehmen des Index investieren. Dies sind thesaurierende ETFs.

Beim Kauf von ETFs sollten Sie außerdem beachten, dass es *voll replizierende* und *swap-basierte* (synthetische) ETFs gibt. Außerdem gibt es noch eine Mischform, das sogenannte *Sampling-Verfaren.*

Voll replizierende ETFs kaufen die Wertpapiere des Index zu 100 %. Swap-basierte ETFs tun das nicht,, vielmehr gehen Sie mit einem Partner (oftmals einer Investmentbank) ein Tauschgeschäft ein (Swap). Dabei tauschen Sie die Wertentwicklung des Index gegen die Wertentwicklung anderer Wertpapiere. Sie hinterlegen dafür Wertpapiere als Sicherheit. Weil dafür ein Partner gebraucht wird, entsteht ein Ausfallrisiko. Sollte der Partner zahlungsunfähig werden, droht ein Wertverlust. Allerdings dürfen die Swap-Geschäfte nur 10 % des ETF-Wertes ausmachen, wodurch das Risiko reduziert wird. Die synthetische Nachbildung von Indizes ist günstiger als die volle Replikation, dies gilt besonders für Indizes, die nicht extrem liquide sind oder eine hohe Anzahl von Wertpapieren beinhalten (wie z. B. der MSCI World mit über 1.600 Unternehmen). Daher sind die swap-basierten ETFs auch günstiger.

Beim Sampling-Verfahren werden über quantitative Modelle diejenigen Titel des Index ausfindig gemacht, die den Index am stärksten beeinflussen, und nur diese gekauft. Das ist günstiger als die volle Replikation und insbesondere bei Indizes mit vielen Titeln angebracht. Da es sich jedoch nur um eine Annäherung an den Index handelt, besteht die Gefahr, dass sich der ETF nicht ganz genau so entwickelt wie der Index. Mit der Kennzahl Tracking Error wird die Abbildungsgenauigkeit anhand der Schwankung der täglichen Abweichung gemessen. Die Kennzahl Tracking-Differenz gibt über einen historischen Betrachtungszeitraum die Differenz zwischen den Wertentwicklungen des Index und des ETF an. Die Tracking-Differenz ist eine gute Kennzahl, um verschiedene ETFs zu vergleichen, da auch die Kosten der ETFs berücksichtigt werden.

Wie bei aktiv gemanagten Fonds gibt es auch bei ETFs Sparpläne, mit denen Sie einen monatlichen Betrag investieren können. Allerdings müssen Sie sich über die Transaktionskosten und die Depotkosten bei Ihrem Depotanbieter informieren. Gerade bei einem Sparplan spielen die Transaktionskosten eine wichtige Rolle, denn wenn diese zu hoch sind, können sie echte Renditefresser sein.

Trotz der weitaus höheren Transparenz von ETFs im Vergleich zu aktiv gemanagten Fonds sollten Sie sich auch bei ETFs vor der Investition informieren. Schauen Sie nach, in welche Indizes der ETF investiert. Mittlerweile gibt es eine sehr große Anzahl an ETFs, die in die verschiedensten, über den gesamten Globus verteilten Wertpapiere investieren. Kaufen Sie nur ETFs, bei denen Sie verstehen, in welche Wertpapiere (bzw. in welchen Index) investiert wird. Und achten Sie auch auf die Gebühren. Die TER (Total Expense Ratio) gibt an, wie hoch die jährliche Gebühr für den ETF ist. Eine TER über 1 % ist schon hoch für einen ETF. Achten Sie auch auf die Tracking-Differenz.

Generell empfiehlt es sich, in ETFs zu investieren, die eher global als lokal investieren, um eine gute Diversifikation zu erreichen. Dadurch sind Sie stärker vor eventuellen Markteinbrüchen (z. B. der Eurokrise) geschützt und verkraften sie besser.

Wie oben schon angedeutet: Als die Investorenlegende Warren Buffet gefragt wurde, wie optimal fürs Alter vorgesorgt werden sollte, war die einfache (und für die Investorengemeinschaft niederschmetternde) Antwort, einen ETF-Fondssparplan mit einer günstigen Kostenstruktur anzulegen. Der ETF sollte in einen Index investieren, der viele Wertpapiere beinhaltet (z. B. der S&P 500 oder MSCI World Index). Dabei ist Buffet wichtig, dass über mehrere Jahre (mindestens zehn) in den Fonds investiert wird. Dadurch vermeiden Sie zu hohe Einstiegskurse. Im aktuellen Marktumfeld (2018) sind die Aktienkurse zum Teil hoch bewertet. Wenn Sie jetzt also alles auf einmal investieren, könnte es sein, dass Sie teuer kaufen. Investieren Sie Ihr Geld daher lieber über mehrere Jahre und in Raten, bei Kursrückschlägen kaufen Sie so automatisch zu einem günstigeren Kurs nach.

Fintechs mit ETFs

Seit einigen Jahren kommen immer mehr Fintechs auf den Markt. Unter Fintech werden junge Unternehmen (Start-ups) verstanden, die im Finanzbereich tätig sind und innovative Technologien nutzen. Hierzu zählen z. B. N26 (bieten u. a. Onlinebankkonten an) und Coinbase (Börse für Kryptowährungen wie Bitcoin).

Es gibt aber auch zahlreiche Fintechs, die sich auf Privatanleger spezialisiert haben. Sie wollen Privatanlegern helfen, ein Vermögen aufzubauen bzw. für das Alter vorzusorgen. Viele dieser Fintechs verzeichnen hohe Kapitalzuflüsse, was nicht verwunderlich ist, da die herkömmliche Finanzindustrie ihre Kunden nicht optimal behandelt.

Die Fintechs werben damit, deutlich günstiger und transparenter zu sein als herkömmliche Finanzinstitute. Häufig stimmt das auch, allerdings sollte Sie darauf achten, welchen Mehrwert die Fintechs für Sie generieren. Denn auch die Fintechs berechnen eine Gebühr, auch wenn diese i. d. R. geringer ist als bei herkömmlichen Finanzinstituten. Die Fintechs versprechen, für Sie die Geldanlage zu übernehmen. Allerdings wird bei einigen Anbietern nichts weiter geboten, als in weit gestreuten ETFs zu investieren. Je nachdem wie alt Sie sind, wird dabei das Verhältnis zwischen Aktien-ETFs und

Anleihe-ETFs unterschiedlich ausfallen. Wenn Sie noch jünger sind, wird der Anteil der Aktien-ETFs höher und der Anteil der Anleihe-ETFs oder des Bargelds niedriger sein. Dieses Angebot bietet Ihnen kein Mehrwert, denn das können Sie auch selber darstellen, ohne Gebühren an den Anbieter zu zahlen.

Glossar

Aktive gemanagter Fonds – Geld von vielen Anlegern wird gesamelt in einen Topf (Fonds) eingezahlt und von einem Fondmanager aktive verwaltet/gemanaged. Fondsmanager versuchen regelmäßig den Markt (ausgewählter Index) zu schlagen.

Barwert – Wird auch als Gegenwartswert bezeichnet und gibt den heutigen Wert eines Geldbetrages an. Grundsätzlich ist Geld heute mehr Wert, als Geld in einem Jahr (außnahme besteht bei Deflation wo Geld heute mehr wert ist als in der Zukunft). Neben dem Risiko des Schuldners, liegt dies an der Inflation und die nicht vorhandene Möglichkeit, das Geld anderweitig zu investieren. Durch die Berechnung des Barwertes werden Zahlungen die zu unterschiedlichen Zeitpunktenn geschehen, vergleichbar. Die Formel zur Berechnung des Barwertes ist wie folgt: Barwert = Zahlung (Geldbetrag) $/ (1 + r)^n$. r stellt dabei den Zinssatz da und n die Anzahl der Perioden (z.b. 1 Jahr).

DAX – Deutscher Aktienindex, beinhaltet 30 deutsche Unternehmen, die am meisten am Aktienmarkt gehandelt werden, sie haben eine Marktkapitalisierung von cirka 80% aller in Deutschland börsennotierten Aktienunternehmen.

ETF – Exchange Traded Indexfonds sind Fonds, die an der börse gehandelt werden. Sie werden nicht aktiv von einen

Fondsmanager gemanaged, vielmehr bilden Sie einen ausgewählten Index nach.

Hedge Fonds – Aktive Fonds die in sehr verschiedene Anlageklassen investieren. Je nach Fonds investieren sie in Aktien oder auch Rohstoffe und exotische Finanzprodukte. Außerdem, und das zeichnet sie aus, führen sie Leerverkäufe durch, dadurch verdienen sie Geld, wenn die Leerverkaufte Aktie an Wert verliert. Sie können also auch in Zeiten fallender Börsenkurse beachtliches Geld verdienen.

Private-Equity-Fonds – Fonds die mehrheitlich nicht börsennotierte Unternehmen mit einem hohen Anteil an Fremdkapital kaufen (Leverage buyout Fonds) und operative Verbesserungen in den Unternehmen anstreben. Es sind geschlossene Fonds die häufig eine Laufzeit von 10-12 Jahren haben. Es gibt auch Private Equity Fonds die in andere Anlageklassen investieren wie z.B. Immobielen.